Auf der Wiese, gleich neben dem Bach herrscht munteres Treiben. Heute findet das Sportfest der Zwerge statt, zu dem natürlich auch die Tiere eingeladen sind. Die letzten Vorbereitungen werden gerade getroffen. „Hau mir mit dem Hammer bloß nicht auf die Finger", schreit Max und hält sich vor Angst die Augen zu. „Schaffst du es, den schweren Wagen zu ziehen?" fragt Karl den Hasen besorgt. Zwerg Lustig begrüßt schon die ersten Gäste, verkauft Eintrittskarten und Programme.

Endlich ist es soweit! Die Zwergenältesten haben auf der Tribüne Platz genommen. Sie sind die Jury und bewerten die Teilnehmer. „Schnell, laßt uns zum Bach laufen! Dort findet die Segelregatta statt", rufen die Hamster. Auch die anderen Zuschauer wollen nichts versäumen. Eine spannende Wettfahrt in selbstgebauten Booten wird ja nicht alle Tage geboten! „Auf die Plätze! Fertig! Los!" Der Startschuß fällt. „Bodo ist der Schnellste!" schreit der Igel. Karl rudert, so schnell er kann. „Warte nur, Bodo! Ich überhole dich!"

Auch um den dritten Platz wird gekämpft. Mit voller Wucht kracht Bennos Baumstamm auf Arnos Floß. „Halt gefälligst mehr Abstand!" brüllt der und stößt das Boot mit beiden Händen fort. „Tut mir leid, aber ich kann nicht so gut steuern", entschuldigt sich Benno.
„Nächstes Jahr mache ich auch mit!" verkündet der Frosch. „Ich lasse mich auf einem Seerosenblatt treiben."
„Hurra! Bravo!" Die Zuschauer klatschen vor Begeisterung. Bodo hat es geschafft. Er segelt als Erster durchs Ziel.

„Auf das Schilfrohr! Fertig! Los!" heißt es nach einer kurzen Pause. Flink ziehen sich die Zwerge am Rohr hoch … „Ich schaff' es nicht allein", schreit Otto, der dickste Zwerg. „Ich bin zu schwer!" Zwei Zwerge eilen herbei. Mit aller Kraft heben sie ihn eine Zwergenlänge nach oben … „Vielleicht sollten wir für Otto eine Leiter holen!" kichert eine Maus. Plötzlich knickt ein Halm, und Zwerg Karl schreit wie am Spieß. „Hilfe!" Doch sein Gewicht zieht den Halm zum Glück so tief, daß er die letzte Zwergenlänge springen kann.

Jetzt treten zwei Mannschaften zum Tauziehen an. Wer sich das Seil entreißen läßt oder über den Stamm gezogen wird, hat verloren. „Hau ruck! Hau ruck!" Schon geht es los!
„Ich sehe nichts mehr!" ruft der erste Zwerg. „Meine Mütze ist mir über die Augen gerutscht." — „Hilfe! Ich falle!" schreit der letzte. „Sie ziehen uns das Seil weg!" Kaum hat er das ausgesprochen, purzeln die drei ins Gras. „Wir haben gewonnen! Hurra! Wir haben gewonnen!" jauchzen die Sieger und umarmen sich vor Freude.

Anschließend findet ein Wagenrennen um den Wiesengrund statt. Wer nach fünf Runden als erster durch das Ziel fährt, hat gewonnen. Vor die Wagen sind Eichhörnchen und Hasen gespannt.
Die Teilnehmer werden aufgefordert, sich an den Start zu begeben. Dann heißt es: „Auf die Plätze! Fertig! Los!" Und das Rennen beginnt. „Wir Eichhörnchen laufen doch viel schneller als ihr Hasen!" ruft Nüßlein und setzt zum Überholen an. „Das glaubst du ja selbst nicht!" widerspricht Hase Hoppel und rennt noch schneller.

Plötzlich geht ein Aufschrei durch die Menge. „Paß auf!" Ein Hase nimmt die Kurve so eng, daß der Wagen nur noch auf zwei Rädern fährt. „Hilfe!" schreit der Fahrer und hält sich fest, so gut er kann. „Hilfe! So helft mir doch!"
Kippt der Wagen um? Nein! Zum Glück kommt er wieder auf allen vier Rädern zu fahren.
Die Zwergenältesten atmen auf. „Hach, das ist gerade noch einmal gutgegangen."

Zuletzt wird die Geschicklichkeit der Teilnehmer noch einmal auf eine harte Probe gestellt. „Hurra!" schreit ein Zwerg und hüpft vor Freude von einem Bein auf das andere. Er hat die Eichel acht Zwergenlängen weit geworfen! Acht Zwergenlängen! Das soll ihm erst einmal jemand nachmachen! Nach dem Eichelweitwurf müssen sich die Zwerge über ein Wasserloch schwingen, ihr Können im Hochsprung beweisen und anschließend so schnell wie möglich durch einen hohlen Baumstamm kriechen.

„Hoppla!" schon plumpst ein Zwerg auf seinen Po! Über den Baumstamm balancieren ist gar nicht so einfach!
Weiter geht es — von Reifen zu Reifen — zum Sackhüpfen. Erst wenn die Zwerge es geschafft haben, über eine hohe Holzwand zu klettern, wird die Zeit gestoppt.
Kaum hat der letzte das Ziel erreicht, zieht sich die Jury zur Beratung zurück. Jetzt ist es soweit! Die Punkte werden verteilt und die Sportler bewertet.

„Ich hab' den besten Platz!" ruft ein Eichhörnchen vom Baum. „Laß mich weiter vor", bittet ein Hamster seinen Nachbarn. „Na gut! Aber nur, wenn du nicht so drängelst!" Die Spannung unter den Zuschauern wächst. Der Zwergenälteste erhebt sich jetzt und verkündet mit feierlicher Stimme: „Beim diesjährigen Sportfest haben gewonnen: ... Arno ... Bodo ... und Max ... Herzlichen Glückwunsch!" Er überreicht ihnen die Preise: Goldene Tannenzapfen, die im Sonnenlicht funkeln! „Bravo! Bravo!" jubeln die Zuschauer.

„Nun laßt uns zum gemütlichen Teil übergehen", schlägt Bodo vor. Und Max meint: „Eine Stärkung haben wir uns nach der Anstrengung wirklich verdient!"
„Spiel uns auf deiner Ziehharmonika etwas vor, Benno!" bittet ein Zwerg. „Das ist eine gute Idee!" stimmen die anderen zu. „Dann könnten wir tanzen."
Schon bei den ersten Klängen eines bekannten Zwergenschlagers singen ein paar Zwerge mit. Im Nu füllt sich die Tanzfläche.

Erst als der Morgen dämmert, ziehen die Zwerge und Tiere heimwärts.
„Wie gut, daß wir nach der Siegerehrung noch geblieben sind!" meint ein Igel zum anderen.
„Wir sollten unsere Freunde demnächst zum Sportfest der Tiere einladen."

Die Wichtelklinik

Mit „Klingeling!“ hat der Krankenwagen das Meisenkind in die Wichtelklinik gebracht. Die Sanitäter-Frösche tragen es schnell hinein. „Dein Bein ist gebrochen, ich muß es eingipsen“, sagt Doktor Blinzel.
Aber nanu, was verbindet er denn? Schwester Eule und die Frösche kichern, und das Meisenkind reißt die Augen auf. Da rückt Doktor Blinzel die Brille auf die Nase. „T-t-t, na so was!“ murmelt er. Und dann gipst er das Bein der Meise wirklich ein.

Arztbesuch bei den Kranken. „Ich verstehe das nicht", sagt Doktor Blinzel zum Hamster. „Wieso wirst du nicht dünner? Auf dem Brettchen steht, daß du nur ganz wenig zu essen bekommst."
Da zieht Doktor Hilfreich die Bettdecke weg.
„Lauter Körner!" ruft Doktor Blinzel. „Wie kommen die hierher?"
„Meine Familie bringt sie mir, weil ich solchen Hunger habe."
„Das darf nicht mehr sein, sonst wirst du nie gesund!" schimpft Doktor Blinzel.

Die Ärzte und Schwestern der Wichtelklinik sind sehr beschäftigt. Zwei Frösche haben Schmerzen in den Beinen. Darum hat ihnen Schwester Meise ein Moorbad gemacht. „Hach, ist das langweilig!" stöhnt der eine und schleicht sich davon. Doch die schwarzen Spuren verraten ihn! „Zurück in die Wanne!" heißt es.
Doktor Hilfreich macht mit dem Maulwurf einen Sehtest. „Was ist das hier?" fragt er und deutet mit dem Stock auf ein Bild.
„Eine Maus", sagt der Maulwurf. „Herrje, du brauchst ganz

dringend eine Brille!" ruft der Arzt. Der Igel ist zu Doktor Blinzel gekommen. „Ich habe einen schlimmen Husten", klagt er. „Hals und Brust tun so weh!" Der Arzt untersucht ihn gründlich und gibt ihm eine Flasche mit Hustensaft. „Der wird dich bald wieder gesund machen."

Die Bienen haben dem Apotheker Honig gebracht, und eine Maus bringt frische Kräuter. „Vielen Dank", sagt der Apotheker. „Jetzt kann ich wieder Hustensaft, Tee und Salben herstellen."

In der Wichtelklinik ist Besuchszeit. Mutter Meise kommt mit zwei Kindern. Ist das ein Gezwitscher! Sie haben dem kranken Meisenkind ja so viel zu erzählen!
Plötzlich stürmt Mutter Hamster mit ihren Kindern ins Zimmer. „Halt!" schreit Schwester Eule. Auch Doktor Blinzel läuft herbei. „Vater Hamster ist krank, weil er zu dick ist", sagt er. „Wollt ihr, daß er bald wieder gesund wird und zu euch nach Hause kommt?" Alle nicken. „Gut, dann bringt ihm bitte nichts mehr zu essen!"

Gleich drei Ärzte sieht man hier bei der Arbeit. „Hach, bin ich froh." Das Eichhörnchen seufzt erleichtert, denn der Zahnarzt hat ihm gerade ein Stück Nußschale aus dem Gaumen gezogen. Kaninchen Moppel ist in die Klinik gekommen, weil es so arge Ohrenschmerzen hat.
„Bald tut's nicht mehr weh!" sagt Doktor Blinzel und gibt ihm Ohrentropfen.
Vor Doktor Hilfreich auf dem Behandlungstisch liegt das Meisen-

kind. Doktor Hilfreich hat den Gipsverband abgenommen und bewegt vorsichtig das Beinchen. „Du bist wieder gesund und darfst jetzt nach Hause."
Bald darauf holt Mutter Meise ihr Kind ab. Doktor Blinzel, Doktor Hilfreich und Schwester Eule begleiten die beiden hinaus. „Alles Gute!" rufen sie. Die Maus winkt zum Fenster hinaus. Wer aber futtert wieder heimlich? Vater Hamster natürlich. Oje, oje, sicher muß er noch lange in der Klinik bleiben!

Zwergengeschichten Im Wiesengrund

Feuer! Feuer!

Der Morgen dämmert gerade. Alle Zwerge im Zwergendorf an der großen Blumenwiese schlafen noch. Da plötzlich zerreißt ein Schrei die Stille: „Feuer! Hilfe! Es brennt!"
Zwerg Bodo fährt aus dem Schlaf hoch. Sofort sitzt er aufrecht im Bett. Hat da nicht jemand „Feuer!" geschrien? Ja, jetzt hört er es wieder: „Feuer! Hilfe!" Erst leise, dann immer lauter: „Feuer! Hilfe! Es brennt!" Mit einem Satz ist Bodo aus dem Bett.

„Hoffentlich brennt nicht Kahlis funkelnagelneues Haus!" schießt es ihm durch den Kopf. Schon ist er an der Haustür, reißt sie auf und zieht aus Leibeskräften an der Alarmglocke. „Feuer! Feuer!" Fensterläden und Haustüren fliegen auf. „Es brennt! Zwerg Kahlis Haus brennt lichterloh!" ruft ein Zwerg dem anderen zu. „Also doch Kahlis Haus", seufzt Bodo. Im Nu sind alle Zwerge auf den Beinen.

Bodo ist der Anführer der Zwerge und gleichzeitig Hauptmann der Feuerwehr. „Alle Zwerge, die in Pilzhäusern wohnen, bilden eine Eimerkette!" ruft er. Kurz darauf trifft der Pumpenwagen ein. „Putz, Munter, Lustig! Wasser marsch!" brüllt Bodo. Die Zwergendrillinge verstehen sich aufs Löschen. Putz richtet das Schlauchende auf das brennende Haus, Munter hält den Schlauch, und Lustig pumpt gleichmäßig und kräftig.

Und was tut Zwerg Kahli? Der rennt vollkommen kopflos herum und jammert: „Mein Haus! Ach, mein schönes Haus!" „Aus dem Weg!" schreien Putz, Munter und Lustig. Doch zu spät! Der scharfe Wasserstrahl trifft Kahli, reißt ihm – hast du nicht gesehen – die Perücke vom Kopf und wirft ihn obendrein noch um. „Aus dem Weg!" brüllt Putz noch einmal. Da begreift Kahli, daß er auf die Seite gehen muß. Armer Tolpatsch Kahli!

Endlich ist der Brand gelöscht. Viel ist wirklich nicht von Kahlis Haus übriggeblieben! „Kopf hoch!" tröstet Bodo den traurig dreinblickenden Kahli. „Wir helfen dir, ein neues zu bauen!" Aber Kahli jammert: „Wenn ich wenigstens meine Perücke wiederhätte!" Da ruft Putz: „Kahli ... sieh doch nur, was der Igel gefunden hat!" Kahli strahlt übers ganze Gesicht. „Meine Perücke!" seufzt er glücklich. Und alle Zwerge freuen sich mit ihm.

Ein aufregender Badetag

Inzwischen ist es Sommer. „Puh!" stöhnen die Zwerge und Tiere schon in aller Frühe. „Ist das heute heiß!" Da ruft Bodo: „Hört zu, heute ist großer Badetag für alle, auch für die Nichtschwimmer!" „Spitze!" Alle sind begeistert, vor allem natürlich die Nichtschwimmer, denn sie dürfen ja nie allein im See baden. In aller Eile werden die Picknickkörbe gepackt und die Badesachen zusammengesucht. Bald darauf bewegt sich ein bunter Zug dem Badesee zu.

Ja, hier am Wasser läßt sich die größte Hitze ertragen! Bademeister Bodo muß aufpassen wie ein Luchs: Dort will gerade ein Zwerg ins Wasser springen. Ist auch niemand unter dem Sprungbrett? Wagt sich keiner zu weit mit dem Boot hinaus? Bodos Blick wandert hin und her. „Hilfe! Ich ertrinke!" Bodo springt auf. So ein Leichtsinn! Da hat sich der Igel doch tatsächlich auf der Luftmatratze auf den Rücken gedreht! Und natürlich zischt nun die Luft heraus.

„Laß dich ins Wasser gleiten und halte dich an der Luftmatratze fest!" ruft Bodo. Schon rückt die Rettungsmannschaft aus ...
Am Ufer aber schluchzt der Hamster: „Meine schöne Luftmatratze ist kaputt! Huuuuu!" – „Hilfe!" schreit der Igel nun wieder. Er strampelt und zappelt verzweifelt. Ja, er zappelt so stark, daß er den Halt an der Luftmatratze verliert. Er taucht unter, kommt prustend und Wasser spuckend wieder hoch, verschwindet wieder ...

„Ich glaube, ich schwimme schnell voraus und halte ihn über Wasser, bis ihr mit dem Boot kommt!" ruft Munter. Und mit einem gewaltigen Hechtsprung taucht er ins Wasser ein.
Es war auch höchste Zeit! Der arme Igel hat nämlich schon eine ganze Menge Wasser geschluckt.
„Hau ruck! Hau ruck!" schaffen Putz, Munter und Lustig ihn ins Rettungsboot und bringen ihn zum Ufer.

O weh! Der Igel ist bewußtlos. Es ist mucksmäuschenstill, als die Zwerge mit Wiederbelebungsversuchen beginnen. Der Hamster hat seine zerlöcherte Luftmatratze längst vergessen. „Wenn nur der Igel bald, ganz bald wieder die Augen aufmacht!" flüstert er.
Da, endlich ist es soweit! Langsam setzt sich der Igel auf. „Hach!" Alle atmen erleichtert auf. Und der Hamster macht vor lauter Freude drei Handstandüberschläge hintereinander!

Das Bootsrennen

Solange die Zwerge zurückdenken können, findet jedes Jahr auf dem Bach an der Blumenwiese ein Bootsrennen statt. Dabei geht es um den Wiesen- und Wanderpokal. Alle Boote sind erlaubt, nur Motorboote nicht.

„Ich nehme noch Wetten an!" ruft der Hamster. „Wer setzt auf Olaf, unseren ältesten Teilnehmer, der gerade seinen Kahn ausschöpft? Wer setzt auf die Drillinge Putz, Munter und Lustig?"

Plötzlich dröhnt Bodos Stimme durch das Sprachrohr: „Achtung! Achtung! In wenigen Minuten beginnt das Wettrennen um den Wiesen-Wanderpokal! Ich bitte alle Teilnehmer, an den Start zu kommen! — Und nun wünsche ich den Zuschauern ein spannendes Rennen und den Teilnehmern viel Glück!" — „Bravo! Bravo!" rufen die Zuschauer und drängen ans Ufer. „Auf die Plätze, fertig, los!" schreit Bodo. Und der Hamster schließt sofort sein Wettbüro.

Die Boote sind gestartet. „Ich habe auf Rudi mit dem Regenschirm gesetzt", verkündet der Frosch und klopft sich vor Aufregung auf die Schenkel. „Du", sagt der Igel und stößt den Hamster aufgeregt in die Seite. „Ich glaube, die Frösche gewinnen."
Der Hamster reibt sich vergnügt die Pfoten. „Großartig", meint er, „dann habe ich mit meinem Wettbüro ein tolles Geschäft gemacht. Die meisten haben nämlich auf die Drillinge gesetzt."

Die Zuschauer feuern an: „Putz, Munter, Lustig fahrt voran, treibt euer Boot noch schneller an." Schon setzen die Frösche und Drillinge zum Endspurt an. Da plötzlich ... „Nein, so was!" Die Zuschauer springen auf und schreien: „Dieser Tolpatsch von Surfer! Fährt mitten durch das Rennen! Eine Unverschämtheit!" Rumms! rammt das Surfbrett den Kahn der Frösche, und Kahli, der ungeschickte Surfer, fällt schreiend ins Wasser.

Die Perücke fliegt Kahli vom Kopf und landet auf einem Frosch. „Huch!" macht der und hört zu schimpfen auf. Die Zuschauer reißen verwundert die Augen auf und lachen dann laut los. Und Kahli? Erst setzt er sich auf sein Surfbrett, streicht sich mit der Hand über seinen kahlen Kopf, dann entschuldigt er sich bei den Fröschen: „Ihr Fröschlein, ach, ich bitt' euch drum,
nehmt den verpatzten Sieg nicht krumm!

Denn seht, durch meines Surfbretts Tücke
verlor nun ich meine Perücke."

Inzwischen sind Putz, Munter und Lustig ins Ziel gesegelt. Wieder einmal haben sie den Wiesen-Wanderpokal gewonnen! Nun feiern Teilnehmer und Zuschauer zusammen ein fröhliches Fest. Dabei gibt der Frosch Kahli auch die Perücke zurück. „Damit du siehst, daß ich dir nicht mehr böse bin", sagt er lachend.

Das Erdbeben

Es ist Nacht. Zwerg Kahli schläft tief und fest in seinem neuen Haus. Plötzlich schrickt er hoch. Ist da nicht gerade sein Bett unter ihm hin- und hergerutscht? „Sicher habe ich nur geträumt.“ Kahli dreht sich auf die andere Seite. Doch ... wieder wackelt sein Bett! Geschirr fällt klirrend und scheppernd zu Boden. Schnell will Kahli Licht machen. Aber wieder ein Ruck, und Kahli landet im hohen Bogen auf dem Fußboden. „Hilfe! Ein Erdbeben!“ schreit er entsetzt.

Blitzschnell setzt er seine Perücke auf, schlüpft in Hose und Pullover und rennt aus dem Haus. Da läutet Bodo auch schon Sturm. Putz, Munter und Lustig stürzen auf die Straße. Nacheinander rufen sie durch ihr Sprachrohr: „Ein Erdbeben! Schnell aus den Häusern! Lauft alle auf die Blumenwiese!“ Die Zwerge fahren aus dem Schlaf hoch. „Nichts wie weg!“ sagt sich jeder, nimmt mit, was ihm am liebsten ist, und rennt zur Blumenwiese.

Hamster und Igel sind auch schon da. Zusammen warten sie ab, was weiter geschieht. Da ... wieder bebt die Erde. Oh, wie es im Dorf kracht und splittert! Schnell halten sie sich die Ohren zu. „Wenn nur schon alles vorbei wäre!" murmelt Kahli ängstlich. Doch erst gegen Morgen meint Bodo: „Ich glaube, jetzt können wir in unser Dorf gehen und nachsehen, wie hoch der Schaden ist!" Mit großen Schritten eilt er voran. Du liebe Zeit! Ein langer, tiefer

Graben zieht sich quer durch das Dorf! Und überall liegen Trümmer herum. „Wie sollen wir das je wieder reparieren?" fragt Putz. „Gar nicht", antwortet Bodo. „Wir müssen weg von hier. Es ist viel zu gefährlich, denn es könnte immer wieder ein Erdbeben geben." Die Zwerge nicken traurig. „Also ...", sagt Putz, „... bleibt uns nichts anderes übrig ...", meint Munter, „... als unsere Sachen zu packen", fügt Lustig hinzu. Und Bodo bestätigt: „Richtig. An die Arbeit!"

Der Aufbruch der Zwerge

Schon wenig später herrscht im Dorf geschäftiges Treiben. Da werden Möbel verladen, Kisten und Körbe mit Hausrat und Kleidern gefüllt. Bodo überwacht das Beladen der Umzugswagen. „Nehmt nur mit, was ihr unbedingt braucht!“ bittet er. Da entdeckt er Kahli. „Unmöglich! Die Standuhr kann nicht mit! Die ist viel zu sperrig!“ „Aber es ist meine Lieblingsuhr!“ Kahli steigen die Tränen in die Augen. „Sei doch vernünftig, Kahli“, redet ihm Bodo gut zu.

„Schau, meinen gemütlichen Schaukelstuhl kann ich auch nicht mitnehmen!" Aber Kahli brummt trotzig: „Die Uhr muß mit!" Bald darauf setzt sich der Zug der Zwerge in Bewegung.
„Hilfe!" schreit jemand schon in der ersten Kurve. Bodo schaut sich um. „Natürlich Kahli!" poltert er los. „Ich habe dir doch gesagt, du sollst die Standuhr zurücklassen. Aber jetzt merkst du's ja selbst: Wer nicht hören will, muß fühlen!" Oje, Kahli fühlt wirklich etwas!

Beim Sturz in den Graben hat er sich nämlich den Kopf angestoßen. Und nun schwillt an der Stelle eine Beule an. Schließlich hebt sie Kahlis Perücke ganz langsam an. Das sieht so drollig aus, daß die Zwerge und Tiere laut loslachen. „Na gut", sagt Bodo, „ziehen wir halt den Wagen aus dem Graben und laden wir die Uhr wieder auf." Da strahlt Kahli. Und es macht ihm nichts aus, daß er seine Perücke jetzt nicht aufsetzen kann.

Die hilfreichen Wichtel

Im Wichteldorf ist ein Haus frei. Familie Maus will dort einziehen. Vater streicht schon die Wände frisch. Klitsch, klatsch! macht sein dicker Farbpinsel an der Wand.
„Ich helfe dir!" sagt Wichtel Klecksel. „Zu zweit geht es schneller." Und schon schwingt auch er seinen Pinsel — klitsch, klatsch! — über die Wand.
„Mein Freund Kuno und ich helfen euch dafür beim Umzug", verspricht der rothaarige Arno Mutter Maus.

Und er hält Wort. Am Umzugstag kommt er schon früh am Morgen mit zwei Freunden. Leo mit dem schicken, gestreiften Pullover sagt zu den Mäusen: „Packt ihr nur fleißig ein. Wir tragen die schweren Kisten hinaus und laden sie auf den Umzugswagen."
Plötzlich ruft Vater Maus: „Nichts da, Minchen, der alte Bär kommt zum Abfall!"
„Aber ich brauche meinen Teddy zum Einschlafen!" jammert das Mäusekind. „Also gut, dann behalte ihn", sagt der Vater.

Endlich stehen alle Kisten und Körbe vor dem Mäusehaus. Auch die Möbel und den Hausrat haben die Wichtel hinausgetragen. Es wird aber auch höchste Zeit!
Denn mit „Hallihallo, da sind wir!" kommt schon Familie Hamster an. „Ist das Haus endlich leer? Wir wollen jetzt einziehen!" rufen sie und fangen auch sofort damit an.
„Halt! Das ist mein Schaukelstuhl!" schreit Vater Maus. Fast hätten ihn die Hamster wieder ins Haus getragen. Na so was!

Der Umzugswagen steht bereits vor der Tür. Gerade laden die Wichtel den großen, schweren Schrank auf.
„Hau ruck!" ruft Arno und schiebt von unten, so fest er kann. Und „hau ruck!" ruft Leo von oben und zieht aus Leibeskräften. Kuno hält den Schrank im Gleichgewicht. „Du liebe Zeit", stöhnt er, „wenn wir den nur schon im neuen Haus hätten!"
Möbelstück für Möbelstück wird aufgeladen und festgebunden. Und endlich ist es soweit: Das Kaninchen rennt los.

Arno lenkt den Umzugswagen ins Wichteldorf. Auch Familie Maus hat darauf noch Platz gefunden. Nur Kuno und Leo gehen zu Fuß Als der Wagen ins Dorf einfährt, kommen ein paar Wichtel aus den Häusern. Sie winken und rufen:
„Hallo! Herzlich willkommen!" Zwei Wichtelkinder bleiben am Wegrand stehen und machen große Augen.
Der Vater erklärt ihnen: „Familie Maus wird von nun an in unserem Dorf wohnen. Da habt ihr dann neue Spielkameraden."

Kaum hält der Umzugswagen vor dem neuen Haus, da sind auch schon Kuno und Leo zur Stelle. Und wieder werden Kisten und Möbel geschleppt.
„Eure Sachen bringen wir am besten gleich ins Kinderzimmer", sagt Kuno zu den Mäusekindern und hilft ihnen.
Leo, Vater und Arno kommen gerade mit dem Sofa zur Haustür herein. „Wo sollen wir es hinstellen?" will Leo wissen. Mutter Maus hat alles geplant und zeigt es ihm.

Endlich ist alles im Haus und auch am richtigen Platz. „Vielen herzlichen Dank, ihr wart uns eine große Hilfe“, sagt Vater Maus zu den Wichteln.
„Ja, das wart ihr wirklich“, stimmt ihm Mutter Maus zu. „Darf ich euch zum Essen einladen? Ich denke mir, daß ihr nach der schweren Arbeit hungrig seid.“
Mutter Maus hat recht, so ein Umzug macht riesengroßen Hunger. Mhh, wie es nun allen schmeckt!

Zwergengeschichten Im tiefen Wald

Ein neues Dorf entsteht

Seit ein paar Tagen kommen die Tiere des Waldes nicht mehr aus dem Staunen heraus. Genau gesagt, seit dem Nachmittag, als die Zwerge mit ihren hoch beladenen Wagen und Karren auf der großen Lichtung haltgemacht und beschlossen haben: „Hier ist ein schöner Platz für ein neues Dorf." In Windeseile hat sich die Neuigkeit im Wald herumgesprochen. „Zwerge lassen sich auf der großen Lichtung nieder. Sie haben ihr Dorf an der Blumenwiese nach

einem Erdbeben verlassen müssen. Nun wollen sie bei uns hier im Wald eine neue Heimat finden." Als die Zwerge am nächsten Tag in aller Frühe mit dem Aufbau ihres Dorfes beginnen, finden sich viele neugierige Zuschauer, aber auch eifrige Helfer ein. „Komm, Kahli", sagt Bodo, der Anführer der Zwerge, „wir beide laden jetzt die Wasser- und die Weinfässer ab. Solange wir noch keinen Brunnen haben, müssen wir von unseren Wasservorräten leben."

Bis tief in den Wald hinein hört man den Lärm von der Lichtung: das Knirschen und Quietschen des Brunnenbohrers, das Hämmern und Sägen der Zwerge. Fast alle summen, singen oder pfeifen bei der Arbeit fröhlich vor sich hin. Auch die Drillinge Putz, Munter und Lustig summen ein Lied. Lange haben sie sich gewünscht, in Reihenhäusern nebeneinander zu wohnen! Und nun geht dieser Wunsch in Erfüllung! Kahli aber singt, summt oder pfeift nicht.

Aufmerksam und vorsichtig rollt er Bodo ein Faß nach dem anderen zu. Der rollt die Fässer ein Stück weiter und stellt sie in Reih und Glied nebeneinander auf. Dabei pfeift er. Aber falsch. Und jetzt pfeift er so falsch, daß Kahli „Hör auf!" schreit und sich die Ohren zuhält. O weh! da rollt ein Faß davon. Es rollt auf Bodo zu, wird schneller und schneller. „Das Faß! Hilfe!" ruft Bodo und rennt weg. „Es kommt direkt auf uns zu!" schreien die Drillinge.

Die Zwerge blicken verwundert von der Arbeit auf. Was ist los? Da kracht es auch schon fürchterlich, und das Gerüst bricht zusammen. Putz und Munter retten sich mit einem Sprung durch das Fenster. Lustig aber erwischt nur noch die Fensterbank und schreit: „Hilfe! Helft mir doch! Ich kann mich nicht lange halten!"
Sofort läuft Bodo herbei. „Ausgerechnet ein Faß mit Beerenwein!" schimpft er. Dann hilft er Lustig von der Fensterbank herunter.

„Wo ist eigentlich Kahli?" fragt Putz. Alle schauen sich suchend um. Da schießt ein dicker Wasserstrahl aus dem neuen Brunnenschacht in die Höhe. „Wasser!" freuen sich die Zwerge. „Wir haben Wasser!" Aber was tanzt denn oben auf dem Wasserstrahl? Das ist ja Kahlis Perücke! Und nun steigt er selbst pudelnaß aus dem Schacht, in dem er sich versteckt hatte. „Hahaha!" lachen alle, und keiner schimpft auf Kahli, weil das Faß mit Wein ausgelaufen ist.

Das Fest

Nach einiger Zeit ist das neue Dorf fertig. „Jetzt wollen wir ein Fest geben!“ beschließen die Zwerge. „Prima!“ freut sich Putz. „Wir könnten die Tiere einladen“, schlägt Munter vor. „Seid ihr einverstanden?“ fragt Lustig die anderen. „Ja, ja!“ antworten sie begeistert. Jeder hilft bei den Vorbereitungen: Putz, Munter und Lustig bauen die Tribüne für die Musik auf, einige bereiten das Festessen vor, und Kahli hängt die Lampions auf.

„Hahaha!" ruft Putz auf einmal. „Seht euch mal Kahlis neuesten Lampion an!" Alle lachen. „Oh!" sagt Kahli. Da hat er doch tatsächlich sein Haarteil an den Zweig gehängt! Schnell tauscht er es gegen einen Lampion aus. „Mhh, das wird die beste Gemüsesuppe der Welt!" freut sich der Igel. Der Zwergenarzt aber meint lachend: „Hoffentlich seid ihr bald mit dem Schälen und Kleinschneiden fertig. Ich habe fast kein Pflaster mehr!"

Die Gemüsesuppe der Zwerge wird ein voller Erfolg. Selbst der Koch meint: „Ja, sie ist wirklich Spitze!“ und schöpft sich eine zweite Portion auf. Doch plötzlich schnuppert er. „Ich weiß nicht recht, aber ich finde, es riecht angebrannt.“ Da ertönt ein Hilferuf ... und verstummt sogleich wieder. Dann ist ein klagendes „Oh weh! Ich habe mir den Po verbrannt!“ zu vernehmen. „Dummkopf“, hört man Bodo sagen, „mußt du denn so nahe beim Feuer tanzen?“

Gleich darauf ruft er den Drillingen zu: „He, ihr, wartet mit dem Feuerwerk noch, bis es dunkel ist!" – „Wird gemacht!" ruft Putz. „Dann tanzen wir jetzt mit den anderen zu der Musik von Kahli und der Kapelle! Komm Kahli, spiel auf! Wer wagt ein flottes Tänzchen?" Als dann schließlich Putz, Munter und Lustig ihr Feuerwerk abbrennen, sind sich die Zwerge und Tiere einig: „So eine schöne Einweihungsfeier hat es noch nie gegeben!"

Das Autorennen

Als Bodo und Kahli an einem schönen Sommerabend gemütlich auf der Bank vor Kahlis Haus sitzen, sagt Bodo: „Erinnerst du dich noch an das Bootsrennen, das wir jedes Jahr um diese Zeit hatten? Du weißt schon, damals, als wir noch in unserem alten Dorf wohnten." Kahli nickt. „Ja, ja", sagt er. „Das war immer aufregend. Schade, daß wir hier keinen Bach oder Teich haben! — Aber", fügt er nachdenklich hinzu, „wir könnten ja auch anders um die Wette fahren."

Schon machen die beiden Pläne. Am nächsten Morgen ruft Bodo alle Zwerge zusammen und sagt: „Was haltet ihr von einem Autorennen rund um den Waldhügel?" – „Toll! Klasse! Eine prima Idee!" Die Zwerge sind begeistert. „Und unsere Rennautos bauen wir natürlich selbst!" schlägt Kahli vor. Doch das tut ihm später noch leid! Immer wieder muß er den Drillingen heimlich bei der Arbeit zuschauen, um sein eigenes Auto bauen zu können!

Wochenlang basteln die Zwerge mit Feuereifer an ihren Rennwagen. Schließlich legt Bodo mit einigen Helfern die Rennstrecke fest. „Einer müßte auf der anderen Seite des Hügels an der Weggabelung stehen“, meint er. „Er soll denen, die falsch fahren, ein Zeichen geben.“ Aber wer will das tun? Keiner! Alle möchten dem Rennen zuschauen. „Also gut“, sagt der Hamster endlich, „ich mache es, wenn ich mein Wettbüro geschlossen habe.“

Und dann ist der große Tag des Rennens gekommen. Rennleiter Bodo ruft: „Alle an den Start! – Achtung! Fertig! Los!" Die Autos brausen davon. „Habt ihr Kahlis Klapperkiste gesehen?" kichert ein Igel. „Ich bin gespannt, ob er damit ans Ziel kommt!" Noch bevor die Autos hinter der nächsten Kurve verschwinden, haben Putz, Munter und Lustig einen Vorsprung. Kein Wunder bei ihren schnittigen Wagen! Kahli dagegen zuckelt langsam hinterher.

Als die Rennwagen auf der anderen Seite des Hügels ankommen, steht der Hamster schon an der Weggabelung. Sicherheitshalber hat Bodo dort noch einen Wegweiser zum Ziel aufgestellt.
Sssst! sausen die Drillinge vorbei. Sssst! flitzt der nächste Rennfahrer hinter ihnen her. Jetzt kommt Kahli mit seiner Klapperkiste.
Da ... was ist das? Das darf doch nicht wahr sein! Der Hamster, dieser Gauner, dreht den Wegweiser!

Wer fährt nun richtig, Kahli oder die anderen?
„Hurra! Bravo!" jubeln die Zuschauer am Ziel. „Kahli hat gewonnen! Kahli ist Sieger des Autorennens!"
„Iiich?" Kahli versteht die Welt nicht mehr. „Wieso ich? Die Drillinge müßten doch schon längst hier sein!" Doch sie treffen erst viel später ein. „Seltsam", wundert sich Putz. „Wieso sind wir an der Gabelung zuerst in die falsche Richtung gefahren?"

Ja, warum wohl? Bodo sieht den Hamster mißtrauisch von der Seite an. Der reibt sich nämlich die Hände, weil er wieder einmal ein gutes Geschäft mit seinem Wettbüro gemacht hat. Die meisten haben mit einem Sieg der Drillinge gerechnet und auf sie gesetzt. „Na warte, Bürschchen", murmelt Bodo. „Wir zwei werden uns nachher über den Wegweiser unterhalten!" Dann überreicht er Kahli den Siegerpokal, und alle rufen: „Bravo! Kahli lebe hoch!"

Das Höhlenabenteuer

„Heute wollen wir Brombeeren zupfen gehen und dann Beerenwein ansetzen“, sagt Bodo eines Morgens zu Kahli und den Drillingen. Wenig später ziehen die fünf Zwerge mit Eimerchen und Körben los. „Oh, hier sind schöne, dicke Beeren!“ ruft Kahli plötzlich. „Die ... Hi ... Hi ... Hilfe!“ Bodo, Putz, Munter und Lustig drehen sich um. Aber sie sehen nur noch Kahlis kahlen Kopf und seine hochgereckten Arme. Der Rest steckt in einem Erdloch.

Kahli fällt und fällt. Er kneift die Augen ganz fest zu. Vor lauter Angst. Da macht es laut platsch!, und er taucht tief, tief ins Wasser hinein. „Ich bin in einen See gefallen! In den See einer Tropfsteinhöhle!" ruft er ganz erstaunt aus.
„Hallo, Kahli, alles in Ordnung?" fragt Bodo von oben. „Ja, aber laßt mir ein Seil herunter. Ich bin in einen eiskalten See gefallen. Zieht mich schnell raus!"

Die Freunde ziehen Kahli aus der Höhle heraus. „Hu, ist mir kalt", sagt er zähneklappernd. Er muß ins Bett, damit er sich nicht erkältet. Alle fünf kehren schnell ins Dorf zurück. Aufgeregt berichten sie, was Kahli passiert ist. „Wollen wir die Höhle erforschen?" fragt Bodo. „O ja!" rufen alle. Tagelang planen die fünf Zwerge ihre Forschungsreise und besorgen Werkzeug, Vorräte und vieles mehr. Dann — endlich! — kann das Höhlenabenteuer beginnen.

Sie fahren auf dem Bach, der mal breit, mal schmal ist und sich zwischen den Tropfsteinen dahinschlängelt. „Oh, seht nur ...", ruft Putz auf einmal, „ ... wir kommen in eine Riesenhöhle ...", meint Munter, „ ... mit einem großen, großen See!" fügt Lustig hinzu. „Ich schlage vor, daß wir das Boot hier anbinden und dann herausfinden, welchem Gang wir folgen wollen", sagt Bodo. „Ich bleibe lieber hier und mache uns etwas zu essen", meint Kahli.

Bodo, Putz, Munter und Lustig sichern sich mit dem Seil ab und verschwinden dann in den abzweigenden Gängen. Bodo und Lustig sind schon bald wieder zurück. „Nichts“, sagen sie. „Es lohnt sich nicht.“ Dann kommt Munter. „Ein Glück, daß ich abgesichert war“, erzählt er. „Unter mir ist die Erde plötzlich weggesackt. Ich glaube, aus unserer Forschungsreise wird nichts.“ Schließlich kehrt auch Putz zurück. „Freunde!“ ruft er und strahlt.

„Morgen früh geht's weiter! Wir müssen unser Boot ein Stück abseilen. Dann können wir auf einem Fluß weiterfahren." — „Klasse!" jubeln die Zwerge. Und gutgelaunt brechen sie am nächsten Morgen auf. Das Boot abzuseilen ist anstrengender als sie gedacht hatten! Aber endlich haben sie es geschafft und sind auf dem Fluß. „Licht!" schreit Kahli plötzlich und springt auf. „Ein Ausgang!" Was wird die Zwerge wohl am Höhlenausgang erwarten?

Aufregung im Wichtelgarten

Als Wichtel Würzig an diesem Morgen seinen Garten betritt, will er seinen Augen nicht trauen: Die Karotten, seine schönen Karotten sind weg! Alle, bis auf eine! „Diebe! Hilfe, Diebe!" schreit er. Sofort eilen die Nachbarn herbei. „Was? — Wo? — Wer hat das getan?" rufen sie durcheinander.
„Platz da!" sagt Wichtel Spürnase. „Und bloß nicht die Spuren verwischen!" Mit der großen Lupe, die er immer bei sich trägt, untersucht er das Beet.

„Tatsächlich, da führt eine Spur vom Beet weg", murmelt er. Gebückt folgt er ihr.
„Was siehst du?" fragt Würzig und läuft hinter Spürnase her. Die Wichtel, die noch nichts von den verschwundenen Karotten wissen, stecken neugierig den Kopf aus dem Fenster. „Was ist los? Wohin lauft ihr?"
Da bleibt Würzig stehen und erzählt ihnen von dem Unglück. Spürnase eilt weiter. So ein Pech! Die Spur endet im Gras.

Aber gleich daneben befindet sich die Wohnung des Eichhörnchens. Spürnase klopft an. Keine Antwort. Also schleicht der Wichtel hinein. „Oho, der Faulpelz liegt ja noch im Bett! Das ist aber sehr verdächtig!" murmelt Spürnase. „Möglicherweise war das Eichhörnchen heute schon sehr früh unterwegs, um die Karotten zu stehlen!"
Er schaut sich gründlich in der Wohnung um, doch er findet nur Eicheln und Nüsse. Das Eichhörnchen war es also nicht.

Spürnase bleibt nichts weiter übrig, als weiterzusuchen. Er trifft Familie Maus gerade beim Frühstück mit dem Maulwurf an. „Setz dich zu uns, es gibt leckere Körner", lädt Frau Maus den Wichtel ein. „Und frische Karotten", sagt der Maulwurf. „Karotten? Wo hast du die her?" fragt Spürnase sofort. „Ich habe sie heute früh am Wegrand gefunden, noch ganz voller feuchter Erde", erzählt der Maulwurf. „Zeig mir sofort die Stelle!" bittet Spürnase.

Zusammen sausen sie los. Plötzlich bleibt der Maulwurf stehen. „Hier war es", sagt er zum Wichtel.
Nicht weit vom Wegrand hört Spürnase jemanden rufen: „Mhh, endlich wieder Karotten!"
„Pst, nicht so laut!" flüstert eine andere Stimme.
Da biegt Spürnase blitzschnell die Büsche auseinander und schreit: „Ha! Jetzt habe ich euch Diebe!" Oje, Familie Kaninchen bleibt vor Schreck wie angewurzelt stehen.

„Wir hatten solche Lust auf Karotten!" flüstert Mutter Kaninchen endlich.
„Das ist noch lange kein Grund zu stehlen!" schimpft Spürnase. „Los, kommt mit mir zum Wichteldorf und bringt Würzig seine Karotten zurück! Sagt ihm, daß es euch leid tut, und pflanzt sofort neue Karotten!"
Ist das ein Hallo, als Spürnase mitsamt Karotten und Kaninchen eintrifft! „Hurra, Spürnase, das hast du prima gemacht!" rufen alle.

„Herzlichen Glückwunsch, du bist wirklich ein großartiger Detektiv!"
Und Würzig? Nun, der ist überglücklich, daß er seine Karotten wiederhat.
Die Kaninchen aber machen sich an die Arbeit. In Windeseile pflanzen sie ein Beet mit neuen Karotten. „Die werden wir dir ganz bestimmt nicht stehlen", versprechen sie.
Ob die Kaninchen ihr Wort wohl halten?

Zwergengeschichten
Im Tal der Tiere

Die Rettung der Amseln

Die Zwerge Bodo, Putz, Munter, Lustig und Kahli haben eine Tropfsteinhöhle erforscht. Auf einem unterirdischen Fluß sind sie wieder ans Tageslicht gekommen. Nun übernachten sie am Flußufer. Der Morgen dämmert gerade, und bis auf Kahlis Schnarchen ist es noch ganz still. Plötzlich jedoch beginnt eine Amsel so laut und schrill zu schreien, daß es den Zwergen durch Mark und Bein geht. Erschrocken fahren sie hoch. „Was ist los?" murmelt Bodo.

Aufgeregt berichtet die Amsel: „Ein starker Windstoß hat mein Nest vom Baum geworfen. Und meine Kinder, ach, meine Kinder ..." Vor lauter Schluchzen kann sie gar nicht weitersprechen. „Ist ihnen etwas geschehen?" fragt Bodo. „Sind sie vielleicht verletzt?" – „O nein, verletzt nicht", erzählt die Amsel. „Aber zwei sind in den Zweigen hängengeblieben, und eins ist auf die Erde gefallen. Ein Wunder, daß es noch lebt! Doch jetzt helft mir, bitte! Bitte kommt mit!"

Sofort schlüpfen die Zwerge aus ihren Schlafsäcken, springen auf und folgen der Amsel. Ach, wie ängstlich ihre Kinder auf dem Baum piepsen! Der Amselmutter kommen sofort wieder die Tränen. Bodo aber macht den Vöglein Mut: „Gleich holen wir euch herunter!" Kahli kümmert sich schon um das Amselkind, das auf die Erde gefallen ist. „Komm her, mein Kleines, hier hab' ich ein Nest für dich!" Und vorsichtig setzt er das Vöglein in seine Perücke.

„Hahaha!" lachen Bodo und die Drillinge. „Das ist wirklich eine gute Idee!" Ruck, zuck! klettern Putz und Munter nun auf den Baum hinauf. Vorsichtig, ganz vorsichtig reichen sie Lustig erst das eine und dann das andere Vogelkind. Lustig gibt sie Kahli. Und Kahli? Der setzt sie zu dem ersten Amselkind in die Perücke. „Wie lieb sie sich darin zusammenkuscheln!" freut sich Kahli. „Siehst du", sagt Bodo zur Amselmutter, „es wird schon alles wieder gut!"

„Aber meine Kinder brauchen ein Nest!" jammert die Amsel. „Und ich kann jetzt so schnell kein neues bauen."
Da gibt Kahli seinem Herzen einen Stoß und sagt: „Ich schenke deinen Kindern meine Perücke. Wenn wir irgendwann in unsere alte Heimat zurückkehren, lasse ich mir vom Frisör eine neue machen."
„Danke! Danke!" jubelt die Amselmutter und gibt dann zu bedenken: „Doch wie soll das Nest auf den Baum?"

„Kein Problem“, antworten Putz, Munter und Lustig wie aus einem Mund. Wenig später ziehen sie das Perückennest auf den Baum hoch und binden es gut fest, damit es kein Windstoß hinunterwerfen kann. „Bravo! Das habt ihr gut gemacht!“ Die Zwerge freuen sich über die gelungene Rettungsaktion, und auch die Tiere klatschen Beifall. Die Amselmutter zwitschert den Zwergen zum Dank ihr schönstes Lied. Und die Amselkinder piepsen fröhlich dazu.

Das Fußballspiel

Das Flußtal, in das die Zwerge Bodo, Putz, Munter, Lustig und Kahli gekommen sind, ist das Tal der Tiere. Im Nu hat sich die Amselrettung dort herumgesprochen. „Das muß gefeiert werden!" ruft ein Igel. „Bleibt ein paar Tage bei uns. Wir wollen ein Fest vorbereiten." Es wird ein sehr fröhliches Fest. Und als es in vollem Gange ist, fragt Bodo: „Könnt ihr Tiere eigentlich Fußball spielen?" — „Ha, und wie!" antworten sie. „Laßt uns einmal gegen euch spielen!"

Und schon stellen sie ihre Mannschaft auf. Wer spielt bei den Tieren mit? „Ich! Ich!" rufen so viele, daß Bodo sagt: „So geht das nicht! Ihr müßt auslosen, wer mitspielen darf!"
Und wer will Schiedsrichter sein? Nur der Maulwurf meldet sich. „Na ja ...", meinen die Tiere. „Meinst du wirklich, du siehst dafür gut genug?" — „Natürlich!" ruft der Maulwurf. „Ich setze doch meine Brille auf!" Jetzt kann das Spiel losgehen.

Das Eichhörnchen stellt sich ins Tor der Tiere und der glatzköpfige Kahli in das Zwergentor. Der Anpfiff ertönt, und das Spiel beginnt. Hei, wie alle über den Platz rennen! Putz holt sich den Ball. Geschickt spielt er ihn zu Munter. Der sucht Lustig, aber Lustig ist vom Igel gedeckt. Also spielt Munter zu Putz zurück. Da! Flink springt die Maus dazwischen. „Ha, seht nur, wie sie Zwerg Putz austrickst!" freuen sich die Zuschauer und johlen und klatschen.

„Au, au!" jammert die Maus plötzlich. Zwerg Putz ist ihr auf den Schwanz getreten, um sie festzuhalten. Sofort pfeift der Schiedsrichter das Spiel ab und winkt die Sanitäter-Frösche herbei. „Zum Glück ist der Schwanz nur gequetscht", stellen sie fest und verbinden ihn. Schiedsrichter Maulwurf aber sagt: „Das war ein Foul! Darum Freistoß für die Tiere!" Hase Schlenkerbein schießt. „Tor!" jubeln die Tiere und schwenken begeistert ihre Wimpel.

Weiter geht das Spiel. Nun legen die Zwerge richtig los. Putz, Munter und Lustig stürmen auf das Tor der Tiere zu.
Oh, das sieht aber gefährlich für Torwart Eichhorn aus!
Munter will Putz den Ball zuspielen, da wird er von Hase Schlenkerbein hart angegangen. Doch Munter bleibt in Ballbesitz, und der Schiedsrichter läßt Vorteil gelten.
Munter sieht, daß Putz völlig frei steht, und spielt ihm den Ball zu.

Putz schießt, Torwart Eichhorn reckt sich und bekommt den Ball zu fassen. Aber er kann ihn nicht festhalten.
Ein Raunen geht durch die Menge.
„Nein!" piepst die Maus und hält sich vor Spannung die Augen zu.
Nachschuß von Putz, und „Tor! Tor!" jubeln die Zwerge über den Ausgleichstreffer.
Als der Halbzeitpfiff ertönt, heißt es immer noch 1 : 1.

Zu Beginn der zweiten Halbzeit stehen die Tiere wieder dicht vor dem Zwergentor. Der Fuchs schießt. Tor? Nein, der Ball prallt von der Latte ab. Da schnellt der Igel hoch, köpft, und — ffffft! — entweicht die Luft aus dem Ball. Erst sind alle verdutzt und sprachlos. Doch dann lachen sie laut los. Nur der Igel nicht. Er hat Angst, daß die anderen jetzt furchtbar auf ihn schimpfen. „Oh, Verzeihung! Das wollte ich wirklich nicht!" gibt er kleinlaut zu.

„So etwas kann vorkommen", tröstet Munter den Igel und hebt vorsichtig den Ball von den Stacheln. Der Schlußpfiff ertönt, und Schiedsrichter Maulwurf verkündet: „Aufgrund eines außergewöhnlichen Zwischenfalls beenden wir das Spiel vorzeitig." Unsicher schaut sich der Igel um. Niemand scheint sich darüber zu ärgern. Alle halten sich den Bauch vor Lachen und rufen: „Los, Igel, jetzt lach doch endlich mit!" Da merkt er, daß ihm niemand böse ist.

Wo steckt Kahli?

Nach dem Fußballspiel sitzen die Tiere noch lange zusammen. Sie sprechen über dieses und jenes und lachen zwischendurch immer wieder über den Kopfball des Igels.
„Na, wie war ich als Schiedsrichter?" will der Maulwurf wissen.
„Weltklasse!" versichern ihm alle. „Mit Brille siehst du wirklich prima."
Der Igel aber fragt: „Wer weiß, wie man einen Fußball repariert?"
„Wir!" rufen Putz, Munter und Lustig.

Und schon setzen sie sich zu ihm, um zu helfen.
„He, Kahli!" piepst plötzlich jemand. Als Kahli sich umdreht, sieht er die Amselmutter hinter sich. Sie winkt mit dem Flügel und flüstert: „Komm mit! Aber heimlich!" Zuerst zögert Kahli, doch dann beschließt er der Amsel zu folgen. Unbemerkt schleicht er davon. „Wohin führst du mich?" fragt er neugierig. „Du wirst es schon sehen. Tu alles, was ich dir sage", zwitschert die Amsel.

„Ich möchte mich bei dir für das Perückennest bedanken. Und weil heute eine ganz besondere Vollmondnacht ist, habe ich mir etwas ausgedacht." Tief im Wald hält die Amsel an. „Leg dich neben die schönen Blumen hier", bittet sie Kahli, „und dann schließ die Augen." Kahli tut es und spürt, wie ihm die Amsel etwas auf den Kopf stülpt. Und ehe er sich's versieht, ist er eingeschlafen. Kahli träumt von einer Waldfee, von Amselkindern, von Blumen und Perücken.

Am nächsten Morgen wundern sich die Tiere und Zwerge. „Wo Kahli nur steckt? Gestern abend war er plötzlich verschwunden. Und auch jetzt ist er nirgends zu sehen!“ Alle machen sich auf die Suche. „Kahli!“ ruft der Igel und läuft tiefer in den Wald. „Kahli!“ Hase Schlenkerbein und Putz schauen sich im Gebüsch um. Doch von Kahli weit und breit keine Spur. Plötzlich schreit Lustig vom Baum herunter: „Ich sehe ihn! Dort hinten liegt er und schläft!“

Da laufen die Tiere und Zwerge zu ihm. „Hallo, Kahli", rufen sie, „aufwachen!" Kahli setzt sich verschlafen auf. „Nanu, wo bin ich denn?" fragt er verwundert. „Soll ich euch meinen wunderschönen Traum erzählen?" Doch keiner hört ihm zu. „Ah!" und „Oh!" und „Seht euch das an!" rufen die Zwerge und Tiere.
„Was denn?" fragt Kahli. Er versteht die Aufregung seiner Freunde nicht. „Stimmt irgend etwas nicht?"

„Haare! Kahli, du hast Haare!" ruft Munter. „Ich? Haare?" Kahli faßt sich mit der Hand auf den Kopf. „Vielleicht eine neue Perücke?" vermutet er und zieht sich ein bißchen an den Haaren. Da nimmt Bodo Kahli am Arm und führt ihn zum Fluß. Kahli sieht sein Spiegelbild im Wasser und kann es kaum glauben. „Tatsächlich!" staunt er. „Auf meinem Kopf sind wieder Haare gewachsen! Hurra! Ich habe wieder Haare! Das war also der Dank der Amsel!"

Heimkehr ins Zwergendorf

Ein paar Tage bleiben Bodo, die Drillinge und Kahli noch im Tal der Tiere. Dann machen sie sich auf den Weg zu ihrem Dorf. „Das Boot und die restlichen Vorräte von unserer Höhlenforschung schenken wir euch“, sagt Bodo.

„Schade, daß ihr schon geht!“ meint der Igel und fängt zu weinen an. „Spätestens wenn ich einen Fußball sehe, werde ich an unser Spiel denken und an die schöne Zeit mit euch.“

„Vielen Dank für alles", sagt Putz. „Es war sehr schön bei euch", fügt Munter hinzu. „Und wir hatten viel Spaß", meint Lustig. Hase Schlenkerbein winkt zum Abschied mit seinem Taschentuch. „Besucht uns wieder einmal!" wünscht sich der Maulwurf. „Ihr seid herzlich willkommen." Kahli umarmt die Amsel. „Wie gut, daß ich deinen Kindern meine Perücke gegeben habe! Nun habe ich eigene Haare. Na, die anderen im Dorf werden Augen machen!"

„Wie schön, daß ihr wieder zu Hause seid!" begrüßen die Zwerge die Heimkehrer. „Was habt ihr denn alles erlebt?" fragen sie. Plötzlich schreit einer: „Ich glaube, ich träume! Seht euch mal Kahli an!" Alle umringen Kahli und wollen seine neuen Haare anfassen. „Du siehst ganz verändert aus!" rufen die Zwerge. Und die Drillinge kichern: „Jetzt paßt der Name Kahli gar nicht mehr zu dir!" „Das macht nichts!" sagt Kahli. „Ich will ihn trotzdem behalten."

Das Wichtelfest

Heute sind die Wichtel ganz früh auf den Beinen, um ihr großes Fest vorzubereiten. Diesmal soll es sogar einen Basar geben, bei dem man kaufen und tauschen kann!
Das Kaninchen bittet: „Schlürf und Schlecker, helft mir! Allein kann ich den Wagen nicht den Berg hinaufziehen."
Schlürf mit dem gestreiften Pullover und Schlecker schieben aus Leibeskräften.
„Geh runter, Schmetterling!" ruft Wichtel Potter vom Wegrand.

Der Gastwirt Hamster Pausback und ein paar Wichtel haben schon einen Verkaufstisch aufgestellt.
„In den Fässern ist der bestellte Erdbeersaft, die Flaschen enthalten Erdbeer-, Johannisbeer- und Kirschsaft", erklärt Schlürf und schleppt die Flaschen herbei. Pausback und sein Gehilfe rollen die Fässer in den Schatten. „Hilfe! Mein Faß!" schreit der Gehilfe plötzlich. Pausback erwischt es noch. „Auf den Schrecken trinken wir einen Schluck Saft", beschließen alle.

Bald darauf ist auf der Festwiese ein reges Treiben. Viele Tiere und Wichtel haben sich eingefunden. Sie verkaufen, kaufen und tauschen eifrig.
Frau Maus und ihre Tochter bieten selbstgenähte Kleidung an. „Hier, betrachte dich nur im Spiegel!" sagt sie zu Wichtel Putt. „Die Mütze steht dir prächtig!"
Der Specht hat schöne Schnitzereien mitgebracht. Die Holzpuppe gefällt Michel am besten. „Wieviel Beeren möchtest du dafür?"

Der Fuchs bedient gerade Herrn Maulwurf. „Eine einzige Erdbeere reicht für eine ganze Mahlzeit", versichert er.
Nebenan bittet Frau Schnecke: „Leg mir doch gleich in jeden Tragekorb einen Kopfsalat." Über die ganze Wiese hört man das Eichhörnchen rufen: „Maronen! Heiße Maronen! Zwei Stück für nur eine Walnuß!" Mh, lecker! Welcher Wichtel könnte da nein sagen? Frau Hamster ist schon auf dem Heimweg. Sie hat einen ganzen Wagen voller Körner erstanden.

In einiger Entfernung ist der Igel auf einen Baumstumpf gestiegen. „Äpfel und Birnen zu verkaufen!" ruft er laut. „Sie sind garantiert ungespritzt!"
Sofort eilen Tiere und Wichtel herbei ... und machen große Augen „Eine Raupe! Seht nur, aus dem Apfel kommt eine Raupe gekrochen!" schreien sie und lachen laut los.
Die Henne allerdings lacht nicht. „Kannst du denn nicht aufpassen, wohin du trittst!" O weh! Das tut dem Wichtel aber leid!

Vor seinem Gasthaus hat Hamster Pausback Tische und Bänke aufgestellt. Jeder, der vom Basar zurückkommt, kehrt hier ein und läßt sich den Beerensaft schmecken. Auch der Apfelverkäufer Igel. Er erzählt dem Hasen gerade die Raupengeschichte. An einem Tisch aber gibt es Ärger. Pitt, Patt und Putt schimpfen laut: „Die Gläser sind ja nur halb voll!" Hamster Pausback erwidert: „Tut mir leid, aber ihr habt gerade noch den letzten Rest erwischt. Nun sind alle Fässer leer!"

Der Mond steht schon am Himmel, da werden die letzten Gäste mit ihren Einkäufen nach Hause gebracht.
„Das war ein großartiger Tag“, sagt Wichtel Schlürf mit dem gestreiften Pullover.
„Ja, großartig, aber anstrengend“, stimmt ihm Schlecker zu.
Michel hält seine Holzpuppe gut fest, damit er sie nicht verliert.
Ein Wichtel aber hört und sieht nichts. Putt mit der neuen Mütze schläft schon tief und fest.

Kobold Boldi sucht ein Haus

„Hurra!" ruft Boldi. „Endlich habe ich den richtigen Wald gefunden! Hier würde ich gerne wohnen!" – „Wer schreit denn da?" röhrt der Hirsch. „Schaut alle her!" krächzt die Eule. „Dort kommt ... ja ... ich weiß nicht, wer ..."
Das Eichhörnchen eilt herbei. Auch der Hase will nichts versäumen. Verwundert blicken die Tiere dem Schneckenreiter entgegen. Boldi ruft noch einmal: „Hurra!" Da stößt der Hirsch vor Schreck mit seinem Geweih an einen Ast.

Das Eichhörnchen vergißt, an der Eichel zu knabbern. Die Tiere haben ja schon einiges über Wichtel und Zwerge gehört, doch über Kobolde wissen sie nicht Bescheid. Boldi ist ein Kobold. Nicht irgendein Kobold. Nein! Boldi ist ein Wald- und Wiesenkobold. Diese Kobolde leben im Frühling und im Sommer auf einer Wiese. Im Herbst ziehen sie sich in den Wald zurück. Auch den Winter verbringen sie dort. Viele Monate lang hat Boldi Pflanzen kennengelernt, sich mit Bienen und Käfern angefreundet.

Jetzt sucht Boldi ein neues Zuhause im Wald. Schon von weitem hat er ein Haus am Waldrand entdeckt. Es steht zwischen den Wurzeln einer alten Eiche.
„Vielleicht habe ich Glück und kann dort wohnen", denkt der kleine Kobold und rutscht schnell vom Schneckenhaus.
Er läuft ein paar Schritte und bleibt dann plötzlich stehen.
„Jetzt hätte ich doch beinahe vergessen, mich bei dir für die angenehme Reise zu bedanken", sagt Boldi kleinlaut. „Danke, daß du mich ein Stück auf deinem Haus mitgenommen hast!"
„Bitte schön", antwortet die Schnecke, „ist gern geschehn. Ich wünsche dir bei deiner Suche viel Glück!"
„Danke!" Boldi saust wie der Wind dem Waldrand zu.

Zuerst rennt er, so schnell er kann, doch je näher er dem Haus kommt, um so langsamer werden seine Schritte. Rauch steigt aus dem Schornstein. Das Haus scheint bewohnt zu sein. Zaghaft klopft er an die Tür.
Nichts rührt sich. Boldi klopft nochmals leise, dann lauter ...
Plötzlich knarzt es, und die Tür öffnet sich langsam, ganz langsam. Und zu sehen ist – wer hätte das vermutet? – ein Fuchs!
„Guten Tag", grüßt Boldi. „Guten Tag", murmelt der Fuchs.

Schlaftrunken blinzelt er mit den Augen. „Wer bist du?" „Ich heiße Boldi und bin ein Wald- und Wiesenkobold", antwortet Boldi. „Was willst du?" fragt der Fuchs, und es klingt nicht besonders höflich.
„Bald zieht der Winter ins Land. Ich suche ein gemütliches Haus für mich und meine Glücksblume. Nicht zu groß und nicht zu klein, genau richtig für einen Kobold wie mich soll

es sein! Weißt du, wo ich wohnen könnte?" fragt Boldi und schaut dem Fuchs dabei fest in die Augen.
Der aber hebt nur leicht seinen Kopf, antwortet „nein!" und läßt die Tür ins Schloß fallen.
Boldi macht sich auf den Weg. So schnell gibt ein Wald- und Wiesenkobold doch nicht auf! Er schaut sich um ... Ja! Dort! In den Ästen der Föhre ist ein Haus zu sehen ...

Boldi bleibt unter dem Baum stehen und ruft: „Ist jemand zu Hause?" Gerade als er überlegt, ob er sich trauen soll, den Stamm hinaufzuklettern, hört er eine piepsende Stimme: „Willst du zu mir?" Ein Eichhörnchen kommt angesprungen, hüpft von Baum zu Baum, von Ast zu Ast und hält auf der alten Föhre inne. „Wer bist du?"
„Ich heiße Boldi und bin ein Wald- und Wiesenkobold!"
„Was willst du?" fragt das Eichhörnchen weiter.

„Bald zieht der Winter ins Land. Ich suche ein gemütliches Haus für mich und meine Glücksblume. Nicht zu groß und nicht zu klein, genau richtig für einen Kobold wie mich soll es sein! Weißt du, wo ich wohnen könnte?"
„Nein! Aber frag doch den Igel, der dort unter dem Laubhaufen wohnt." Tatsächlich! Nach langem Suchen entdeckt Boldi ein Haus unter den Blättern. Zuerst erschrickt der Igel, als er den Kobold sieht, will sich einrollen und so in Sicherheit bringen. „Ich tu dir nichts zuleide. Ich möchte dich nur gern etwas fragen!" beruhigt Boldi das stachelige Tier und berichtet von seiner Suche.

„Ich kann dir leider nicht helfen", sagt der Igel, „aber du könntest Familie Braunbär fragen. Komm mit! Ich zeig dir den Weg!" Schon rennt der Igel über die Lichtung zu den Felsen. Plötzlich bleibt er stehen, zeigt zum Höhleneingang und sagt: „Jetzt mußt du allein weitergehen. Ich wünsche dir bei deiner Suche noch viel Glück!"
„Danke!" Vorsichtig nähert sich Boldi dem Höhleneingang. Hinter einem Felsen bleibt er stehen und schaut sich nach dem Igel um ...

„Geh nur", muntert ihn der Igel auf, „vor Familie Braunbär brauchst du dich nicht zu fürchten. Sie mögen Kobolde, und ganz besonders Wald- und Wiesenkobolde."
Boldi spürt, daß sein Herz schneller, viel schneller klopft als gewöhnlich. Er hält seine Glücksblume noch ein bißchen fester und setzt langsam Fuß vor Fuß. Zuerst kann er nichts erkennen. Seine Augen müssen sich erst an die Dunkelheit gewöhnen. Er tastet sich an der Felswand entlang und überlegt ... „Vielleicht sollte ich doch lieber zurückgehen?"

Da! Jetzt sieht Boldi zwei riesige Bären vor sich. Halt! Nicht zwei! Hinter dem größten liegt ja noch ein kleiner ...
„Nanu, wer besucht uns denn heute?" brummt es ihm entgegen. „Guten Tag", grüßt Boldi leise. Erstaunt wendet sich Mutter Bär dem Kobold zu. „Wer bist denn du?"
„Ich heiße Boldi und bin ein Wald- und Wiesenkobold", antwortet Boldi. „Bald zieht der Winter ins Land. Ich suche ein gemütliches Haus für mich und meine Glücksblume. Nicht zu

groß und nicht zu klein, genau richtig für einen Kobold wie mich soll es sein! Wißt ihr vielleicht, wo ich wohnen könnte?" Vater Bär aber schüttelt den Kopf. „Nein! Tut mir leid!" Dicke Tränen rollen jetzt über Boldis Wangen. Die Glücksblume läßt den Kopf hängen. „Der Wald ist groß! Er bietet vielen Tieren Schutz. Auch du wirst ein Haus finden!" tröstet Mutter Bär.

Boldi verabschiedet sich von den Bären und verläßt die Höhle. „Viel Glück bei deiner Suche!" ruft ihm das Bärenkind noch nach. Doch der Wald- und Wiesenkobold ist so traurig, daß er die guten Wünsche des Kleinen gar nicht mehr hört.
Boldi läuft immer tiefer in den Wald. Ab und zu bleibt er stehen, seufzt und überlegt, was er jetzt noch unternehmen könnte, um ein neues Zuhause für sich und seine Glücksblume zu finden.

Plötzlich raschelt es im Gebüsch. Boldi zuckt zusammen und schaut hoch. Vor ihm steht ein mächtiger Hirsch mit prächtigem Geweih. „Wer bist du?" röhrt der Hirsch. „Was suchst du mitten im Wald?" — „Ich, äh ... heiße Glück und suche für meinen Boldi", stammelt der kleine Kobold vor Schreck. Doch dann schaut er dem großen Tier vor sich fest in die Augen und erzählt ganz ruhig, was er im Wald sucht.

Der Hirsch hört Boldi aufmerksam zu und erwidert: „Ich weiß zwar nicht, wo du wohnen könntest, aber ich bin mir sicher, daß unsere alte Eule Schuhu dir weiterhelfen wird. Sie kennt viele Tiere hier im Wald und hat schon manchen klugen Rat erteilt. Geh zu ihr, wenn du magst. Sie sitzt auf dem Baum, gleich hinter meinem Haus." — „Ach, vielen Dank!" jauchzt Boldi und macht sich auf den Weg. Vielleicht kann ihm die alte Eule ja wirklich helfen ...

Die alte Eule schaut ihn an, ohne sich zu bewegen. „Guten Abend!" murmelt der kleine Kobold. Schuhu schweigt lange. Dann, endlich, läßt sie etwas von sich hören. „Gu-huten A-habend! Was wi-hillst du-hu von mi-hir?" Boldi schüttet der Eule sein Herz aus und traut seinen Ohren kaum als Schuhu mit einem Flügel zu einer alten Buche zeigt. „Do-hort kannst du-hu wo-honen! Das Haus ste-heht le-heer!"

„Vielen, vielen Dank!" Der kleine Wald- und Wiesenkobold läuft, so schnell er kann, zu dem Haus, das ihm die Eule gezeigt hat.
Ob es tatsächlich unbewohnt ist? Boldi drückt sich selber die Daumen. Zuerst klopft der kleine Kobold an die Türe, doch als nichts zu hören ist, öffnet er sie langsam ... und betritt das Haus.
„Ist das wirklich wahr? Wach' ich oder träum' ich?" ruft Boldi und traut seinen Augen kaum. Das Haus ist ja richtig gemütlich eingerichtet. Es gibt sogar einen offenen Kamin.

Ein Kätzchen streicht ihm um die Beine und legt sich dann unter einen Schemel. Boldi stellt seine Glücksblume in eine Vase, setzt sich in den Schaukelstuhl und schaut aus dem Fenster ... Jetzt kann der Herbst ins Land ziehen. Jetzt kann es stürmen, sogar schneien. „Ein Haus, nicht zu groß und nicht zu klein, genau richtig für einen Kobold wie mich soll es sein ...“, murmelt Boldi. Und genauso ist es, das Häuschen vor der Buche ... Boldis neues Zuhause.